AF364795

《潮汕华侨文化》编委会

丛书主编：纪彦芳

丛书主审：林伦伦

编　　委：林耀龙　黄泽雄　谢彦民

本册主编：陈少娜

副　主　编：林咏贝

参　　编：谢塔镛　黄若妮　陈　媛　纪立如
　　　　　纪　速　方之祺　吴淑玲　于巧媛

指导单位：
汕头公共外交协会
汕头市教育局
汕头市侨务局
汕头市归国华侨联合会
汕头市龙湖区公共外交协会
汕头市龙湖区教育局
汕头市龙湖区侨务局
汕头市龙湖区归国华侨联合会

潮汕华侨文化

《潮汕华侨文化》编委会 / 编

第一册

广东高等教育出版社
Guangdong Higher Education Press

·广州·

图书在版编目（CIP）数据

潮汕华侨文化．第一册 /《潮汕华侨文化》编委会编．—广州：广东高等教育出版社，2023.5
 ISBN 978-7-5361-7316-3

Ⅰ．①潮…　Ⅱ．①潮…　Ⅲ．①华侨 – 文化 – 潮汕地区 – 小学 – 教学参考资料　Ⅳ．① G624.453

中国版本图书馆 CIP 数据核字（2022）第 176411 号

潮汕华侨文化（第一册）
CHAOSHAN HUAQIAO WENHUA（DI-YI CE）

出版发行	广东高等教育出版社
	地址：广州市天河区林和西横路
	邮编：510500　　营销电话：（020）87553335
	网址：www.gdgjs.com.cn

印　张	4.75
字　数	70 千
版　次	2023 年 5 月第 1 版
印　次	2023 年 5 月第 1 次印刷
定　价	25.00 元

序

潮人文化源远流长，其主要源流有三：一是粤东沿海原住民的土著文化，二是从河南经福建入潮移民的中原文化，三是从原住民到潮人（中原移民）的海上活动形成的海洋文化。

现汕头市的南澳县、澄海区的程洋冈、潮阳区的海门，潮州市饶平县的柘林，揭阳市惠来县的神泉等，都曾经是不同历史时期粤东沿海的著名港口，是海上丝绸之路的重要节点。明清以来，现汕头市澄海区的樟林港，更曾经是粤东、闽西南、赣东南人民南下中国香港地区和东南亚各国，北上上海、青岛、天津、北京和日本、韩国的重要港口。1860年汕头开埠前后，英国等国家的轮船陆续通航汕头，并有十多个国家先后在汕头设立了领事馆，汕头港逐步取代了樟林港的地位而成为中国东南沿海地区的重要港口。

1921年，汕头正式设立了市政厅，有了首任市政厅厅长，到2021年刚好100周年。据《潮海关史料汇编》记载，汕头港的进出港船舶总吨位曾经名列全国第三。近代从樟林港和汕头港漂洋过海到我国香港地区和东南亚各国谋生的潮人以数百万计。发展到现在，潮籍的华侨华人更是以千万计，潮汕民间有"海内一个潮汕，海外一个潮汕"的说法。数百年来，这1000多万的"番客"（海外华侨华人），搭乘着红头船或者轮船，在潮汕与中国香港地区及东南亚各国之间频繁来往，或贸易，或探亲，形成了潮人文化三大源流之一的海洋文化，也形成了潮人"爱国、爱乡、爱自己的家人"的优秀品质和"艰苦拼搏、勇于创业、开拓进取、海纳百川"的精神特质。

今天，时代的列车已在 21 世纪的轨道上飞速前行。历史积淀深厚的潮人文化、丰富多彩的华侨文化虽然曾经深深地烙印在前辈潮人身上，但对于当代的少年儿童来说，似乎已成前辈故事。但是，潮人文化中爱国爱乡、拼搏创业、追求精致等优秀特质，值得年轻人继续传承和发扬。

有鉴于此，汕头市龙湖区金阳学校教育集团在上级各单位的指导下，为潮汕侨乡和国内外的潮人少年儿童编著了这套"有声有色"（音频、插画）的《潮汕华侨文化》读本，希望通过学校的教学和课外的阅读，让同学们了解潮汕侨乡文化的源流，了解自己的家乡，知道自己的根在哪里，使优秀的潮汕侨乡文化得以延续和弘扬。

我有幸受邀作为读本的主审，参与了老师们的编写、修改，初稿评审、再修改，二稿评审、第三次修改，三稿评审、第四次修改，直至定稿交出版社的整个过程，认为这是一套内容丰富多彩、富有潮汕侨乡特点、有声有色有趣味的，适合孩子们阅读、学习的读本。特写下这篇千字短文作为序言推介之。

2022 年暑假写于汕头

作者系当代著名语言学家，广东技术师范大学教授，汕头大学原副校长、韩山师范学院原校长。

目 录

过番歌

第一单元

童谣

1 洗浴歌

一二三，洗浴免穿衫。

三四五，身体模[1]过老石部[2]。

拍心肝[3]，饲[4]大大；

拍胸后，食老老。

【注释】

[1] 模［doin⁷］：坚实。 *jiān shí*

[2] 石部［bou⁶］：石头。 *shí tou*

[3] 拍心肝：拍胸脯。 *pāi xiōng pú*

[4] 饲［ci⁷］：养，喂养。 *yǎng wèi yǎng*

导 读

这是一首长辈在给小孩子洗澡时唱的童谣，反映了长辈们希望孩子身体健康、平安长大的美好愿望。通过学唱这首歌谣，学生们能感受到长辈对孩子的疼爱之情，同时培养孩子们的亲情和健康成长的观念。

童谣是为儿童作的短诗，强调格律和韵脚，通常以口头形式流传，具有浓厚的地方特色，诙谐幽默、音节和谐、形式简短，读来朗朗上口。长辈在给小孩子洗澡时，就会用文中轻快的韵律，边吟唱边轻拍孩子的胸口，以起到安抚的作用，给孩子带来一种乐趣和享受，让孩子在快乐中成长。

长辈对晚辈的关爱之情，比天更高，比海更深。童谣《拥啊拥》轻快有趣，也寄托着长辈们的美好期望，快去读一读，并找找内容上有什么不同，和同学们交流一下！

② 相揽肩

扫码听音频
（潮汕话）

相揽肩[1]，掇[2]龙眼[3]；
掇有相共食[4]，
掇无勿[5]相看。

【注释】

① 相揽[sio¹ nam²]肩：互相搭肩。
hù xiāng dā jiān

② 掇[doh⁸]：拾取。
shí qǔ

③ 龙眼[nêg⁸ oin²]。

④ 相共食：共同分享。
gòng tóng fēn xiǎng

⑤ 勿[mai³]：不要。
bú yào

导读

xiǎo huǒ bàn men zài lóng yǎn shù xià jiǎn dào lóng yǎn　kuài kuài
小伙伴们在龙眼树下捡到龙眼，快快

lè lè de fēn xiǎng měi wèi　tiān zhēn yòu wú xié　gē yáo tǐ xiàn
乐乐地分享美味，天真又无邪。歌谣体现

le hái tóng zhī jiān chún zhēn de yǒu yì　chōng mǎn tóng qù
了孩童之间纯真的友谊，充满童趣。

知识拓展

lóng yǎn　yòu chēng guì yuán　xǐ huan shēng zhǎng zài yáng guāng chōng
龙眼，又称桂圆，喜欢生长在阳光充

zú de dì fang　yǒu hěn qiáng de shēng mìng lì　yì bān zài　yuè chéng
足的地方，有很强的生命力，一般在7~8月成

shú　shì zhōng qiū　bài yuè niáng　de jiā guǒ gòng pǐn zhī yī　guò qù de nóng
熟，是中秋"拜月娘"的佳果供品之一。过去的农

jiā yuàn luò　duō shù zhòng yǒu lóng yǎn　hái zi men xǐ huan zài lóng yǎn chéng shú
家院落，多数种有龙眼，孩子们喜欢在龙眼成熟

qī pá shàng shù qù zhāi lóng yǎn　huò zài dì shàng jiǎn diào xià lái de lóng yǎn
期爬上树去摘龙眼，或在地上捡掉下来的龙眼。

xīn xiān de lóng yǎn shài gān hòu zhì chéng de lóng yǎn gān　jù yǒu yì qì bǔ xuè
新鲜的龙眼晒干后制成的龙眼干，具有益气补血、

ān shén dìng zhì de gōng xiào
安神定志的功效。

zài chàng zhè shǒu tóng yáo shí　　nǐ de nǎo hǎi zhōng yí dìng fú xiàn

在唱这首童谣时，你的脑海中一定浮现

chū le xiǎo huǒ bàn nà zhāng shú xi de kě ài liǎn páng　　nǐ yǒu méi yǒu yǔ

出了小伙伴那张熟悉的可爱脸庞。你有没有与

xiǎo péng you yì qǐ wán guò yóu xì ne　　qǐng ná qǐ shǒu biān de huà bǐ　　shì

小朋友一起玩过游戏呢？请拿起手边的画笔，试

zhe chóng xiàn dāng shí de qíng jǐng ba

着重现当时的情景吧！

扫码听音频
（潮汕话）

3　鸡蛤囝

鸡蛤囝[1]，长拖拖[2]，

三岁阿孥[3]会唱歌[4]；

免用父母教，

嘴舌伶俐无呾哇[5]。

【注释】

[1] 鸡蛤[gab⁴]囝：雏鸡。（chú jī）

[2] 长拖拖：很长。在这指多只小鸡排成长长的一队。（hěn cháng　zài zhè zhǐ duō zhī xiǎo jī pái chéng cháng cháng de yí duì）

[3] 阿孥[nuo⁵]：孩子。（hái zi）

[4] 唱歌[ciang³ go¹]，文中读"[cio³ gua¹]"。

[5] 无呾哇[da¹ua⁵]：不结巴，很流利。（bù jiē ba　hěn liú lì）

zhǎng bèi kǒu tóu chàng zhe gē yáo　　bú yòng kè yì jiāo　　hái
长辈口头唱着歌谣，不用刻意教，孩

zi men tīng zhe tīng zhe jiù huì gēn zhe liú lì de chàng chū lái le
子们听着听着就会跟着流利地唱出来了。

gē yáo yòng xiǎo jī jiào　　zhī zhī　　lái bǐ yù xiǎo hái zi de jī
歌谣用小鸡叫"吱吱"来比喻小孩子的机

líng cōng huì　　néng yán shàn chàng
灵聪慧、能言善唱。

cháo shàn fāng yán gē yáo　　mín jiān sú chēng　　shē gē zǎi　　shì
潮汕方言歌谣，民间俗称"畲歌仔"，是

cháo shàn dì qū mín jiān yí xiàng zhòng yào de fēi wù zhì wén huà yí chǎn　　zài
潮汕地区民间一项重要的非物质文化遗产。在

qián bèi chuán gěi xià yí dài de kǒu ěr xiāng shòu zhōng　　zài lǎng lǎng shàng
前辈传给下一代的口耳相授中，在朗朗上

kǒu de gē yáo yín sòng zhōng　　chuán shòu zhe xiāng tǔ wén huà de gè zhǒng zhī
口的歌谣吟诵中，传授着乡土文化的各种知

shí chuán dì zhe cháo rén duì zì jiā hái zi de qī dài huò jiào yù yāo qiú jī
识，传递着潮人对自家孩子的期待或教育要求，基

běn shàng dōu néng gòu tǐ xiàn zhèng néng liàng de jià zhí guān yě ràng cháo
本上都能够体现正能量的价值观，也让潮

shàn wén huà sàn fā zhe jīng jiǔ bù shuāi de dú tè mèi lì
汕文化散发着经久不衰的独特魅力。

yǒu de hái zi huà huà huò chàng gē hěn yǒu tiān fù bù jiāo zì huì wú
有的孩子画画或唱歌很有天赋，不教自会、无

shī zì tōng kàn lái xiǎo wá wa de cōng huì bù róng xiǎo qù ò nà nǐ yǒu shén
师自通。看来小娃娃的聪慧不容小觑哦！那你有什

me tè cháng ne qǐng nǐ lái jiè shào bìng zhǎn shì yí xià
么特长呢？请你来介绍并展示一下。

4 点啊点竹笻

点啊点竹笻[1]，
点看底个[2]做阿总[3]，
就是就是，
就是只个[4]老兄弟。

【注释】

① 竹笻 [gong²]：用来装水或其他液体的竹制容器。

② 底 [di⁷]个：哪个。

③ 阿总：过去对当差者的尊称。

④ 只 [zi²]个：这个。

导读

小伙伴们要玩捉迷藏的游戏，总得有人负责"捉人"，怎么选出这个人呢？那就要用"点竹瓮"的方法了。这首歌谣俏皮轻快，学生们能感受到童年时光的纯真烂漫。

知识拓展

潮汕地区盛产竹子。潮人喜欢种植竹子，除了江岸溪边种植之外，还在家庭院落中种植，有"前榕后竹"（潮汕谐音"前成后德"）之生活习俗。人们喜欢把竹子制成舀水、装水的用具，

或编织成箩筐、菜篮、席子等等。另外，竹笋是潮人最喜欢的时令食物之一，是春夏季餐桌上一道鲜美的菜肴，被誉为"蔬食第一品"。

"黑白配""石头剪刀布"也是常见的小游戏，不如试试用这些方法，轮流选出小伙伴，看谁积累的潮汕童谣更多更好吧！

5 小先生

挐囝[1] 放学转[2] 回家，

家庭变成小书斋[3]；

学生就是亲父母，

儿女当起小先生[4]。

【注释】

[1] 挐囝[nou¹ gian²]：小 孩子。（xiǎo hái zi）

[2] 转[deng²]：回 来。（huí lai）

[3] 书斋：学 堂、学 校。（xué táng xué xiào）

[4] 先生：老 师。（lǎo shī）

导读

<ruby>这<rt>zhè</rt></ruby> <ruby>首<rt>shǒu</rt></ruby> <ruby>童<rt>tóng</rt></ruby> <ruby>谣<rt>yáo</rt></ruby> <ruby>描<rt>miáo</rt></ruby> <ruby>绘<rt>huì</rt></ruby> <ruby>了<rt>le</rt></ruby> <ruby>中<rt>zhōng</rt></ruby> <ruby>华<rt>huá</rt></ruby> <ruby>人<rt>rén</rt></ruby> <ruby>民<rt>mín</rt></ruby> <ruby>共<rt>gòng</rt></ruby> <ruby>和<rt>hé</rt></ruby> <ruby>国<rt>guó</rt></ruby> <ruby>成<rt>chéng</rt></ruby> <ruby>立<rt>lì</rt></ruby> <ruby>初<rt>chū</rt></ruby> <ruby>期<rt>qī</rt></ruby> <ruby>扫<rt>sǎo</rt></ruby> <ruby>盲<rt>máng</rt></ruby> <ruby>运<rt>yùn</rt></ruby> <ruby>动<rt>dòng</rt></ruby> <ruby>的<rt>de</rt></ruby> <ruby>时<rt>shí</rt></ruby> <ruby>候<rt>hou</rt></ruby>，<ruby>农<rt>nóng</rt></ruby> <ruby>村<rt>cūn</rt></ruby> <ruby>学<rt>xué</rt></ruby> <ruby>校<rt>xiào</rt></ruby> <ruby>里<rt>lǐ</rt></ruby> <ruby>的<rt>de</rt></ruby> <ruby>孩<rt>hái</rt></ruby> <ruby>子<rt>zi</rt></ruby> <ruby>们<rt>men</rt></ruby> <ruby>放<rt>fàng</rt></ruby> <ruby>学<rt>xué</rt></ruby> <ruby>回<rt>huí</rt></ruby> <ruby>到<rt>dào</rt></ruby> <ruby>家<rt>jiā</rt></ruby> <ruby>就<rt>jiù</rt></ruby> <ruby>当<rt>dāng</rt></ruby> <ruby>起<rt>qǐ</rt></ruby> <ruby>爸<rt>bà</rt></ruby> <ruby>爸<rt>ba</rt></ruby> <ruby>妈<rt>mā</rt></ruby> <ruby>妈<rt>ma</rt></ruby> <ruby>的<rt>de</rt></ruby> <ruby>识<rt>shí</rt></ruby> <ruby>字<rt>zì</rt></ruby> <ruby>小<rt>xiǎo</rt></ruby> <ruby>老<rt>lǎo</rt></ruby> <ruby>师<rt>shī</rt></ruby> <ruby>这<rt>zhè</rt></ruby> <ruby>样<rt>yàng</rt></ruby> <ruby>温<rt>wēn</rt></ruby> <ruby>馨<rt>xīn</rt></ruby> <ruby>有<rt>yǒu</rt></ruby> <ruby>趣<rt>qù</rt></ruby> <ruby>的<rt>de</rt></ruby> <ruby>生<rt>shēng</rt></ruby> <ruby>活<rt>huó</rt></ruby> <ruby>图<rt>tú</rt></ruby> <ruby>景<rt>jǐng</rt></ruby>。

在1955年，国家召开全国文字改革会议后，普通话开始作为现代标准汉语在全国通用，推广普通话成为文字改革的一项任务。各级各类学校使用普通话进行教学，使普通话成为学校的教学语言和校园语言；孩子们在学校学习普通话后，再回家教爸爸妈妈讲普通话。普通话的普及拉近了广大人民群众心与心的距离，也方便了交流。

聪明的小朋友，每天你在学校一定学到了很多知识。你给爸爸妈妈当过小老师吗？如果当过了，说说你教了什么。如果还没有，那就请你想一想，有什么知识可以教给爸爸妈妈吧！

扫码听音频
（潮汕话）

6 拍铰刀

拍啊拍铰刀[1]，拍来铰绫罗；
绫罗做雅衫[2]，雅衫做好唱连啰[3]；
你铰雅衫分底人[4]，阿兄阿妹笑呵呵。

【注释】

[1] 铰［ga¹］刀：剪刀。
     jiǎn dāo

[2] 雅衫：漂亮的衣服。
    piào liang de yī fu

[3] 连啰［lo¹］：欢快的无字小曲，也叫"连啰曲"。
    huān kuài de wú zì xiǎo qǔ　yě jiào　lián luō qǔ

[4] 分［bung¹］底人：送给谁。
    sòng gěi shuí

这首童谣描写的是母亲给儿女做漂亮衣裳、孩子们十分高兴的温馨场景，体现家人之间暖融融的亲情。

知识拓展

男耕女织，是过去潮汕地区传统的家庭分工。丈夫在外面耕种劳作、挣钱养家；妻子相夫教子、贤惠持家；一家子和和美美，幸福安康。这是过去农业文化形成的理想的家庭生活模式。

虽然这种"男主外，女主内"的生活模式在现代生活中已悄然改变，但夫妻恩爱、家庭和睦仍然是幸福家庭的主题。

mā ma qīn shǒu wèi hái zi féng zhì yī shang　　nóng nóng de mǔ ài jiù bèi róng
妈妈亲手为孩子缝制衣裳，浓 浓的母爱就被融

jìn zhè yì zhēn yí xiàn lǐ　　xiào shùn de hǎo hái zi　　qǐng nǐ yě wèi mā ma zuò yí
进这一针一线里。孝 顺的好孩子，请你也为妈妈做一

jiàn shì　　　lì rú bāng máng zuò jiā wù　　huò zhì zuò xīn yì kǎ děng　　　biǎo dá
件事（例如帮 忙 做家务，或制作心意卡等 ），表达

xīn zhōng de gǎn ēn zhī qíng
心 中的感恩之情。

7 风禽断线在半天

九月十五天，

风禽[1]断线在半天；

竹篙[2]爱[3]揭[4]揭唔着，

双目看到峁[5]合眯[6]。

【注释】

[1] 风禽［kim⁵］：风筝（fēng zheng）。

[2] 竹篙［go¹］：竹竿（zhú gān）。

[3] 爱：想要（xiǎng yào）。

[4] 揭［giah⁴］：挑动（tiǎo dòng）、拨拉（bō la）。在这里"揭唔着"是指够不着（zài zhè lǐ ... shì zhǐ gòu bù zháo）。

[5] 峁［bhoi⁶］：不能（bù néng）。

[6] 合眯［mi¹］：合上（hé shàng），闭上（bì shàng）。

zhè shǒu tóng yáo miáo xiě le fēng zheng duàn xiàn shí de chǎng
这首童谣描写了风筝断线时的场

jǐng xiǎo hái zi yǎn bā bā de wàng zhe qiǎ zài shù shàng de fēng zheng
景，小孩子眼巴巴地望着卡在树上的风筝，

xīn li pàn zhe shǒu zhōng de zhú gān néng kuài xiē bǎ fēng zheng gōu xià
心里盼着手中的竹竿能快些把风筝钩下

lái duō me tiān zhēn kě ài
来，多么天真可爱！

传统制作风筝的技艺基本由"扎、糊、绘、放"这四大步骤组成，集设计、绘画、放飞于一体，具有观赏价值、社会娱乐和健身作用，反映了民俗生活和民间审美情趣。在潮汕地区，很多人会在金秋时节带上风筝登高放飞，所以这里流传着这样一句谚语："九月九，风禽仔，满天走。"

满天的风筝，带着人们的美好愿望越飞越高、越飞越远，这样的画面多么动人呀！你放过自己做的风筝吗？没有的话，可以在爸爸妈妈或老师的指导下，自己动手试试看，一定会很有趣的！

8 粿名歌

潮汕人，好① 食粿，油粿甜粿石② 榴粿，
面粿酵粿油炸粿，鲎③ 粿笋粿鼠粬④ 粿，
菜头粿合⑤ 曲桃粿。

【注释】

① 好［haon³］：喜爱。

② 石［sioh⁸］。

③ 鲎［hao⁷］：一种海洋水产。

④ 鼠粬［kag⁴］：一种生长在山野田间的野菜。

⑤ 合［gah⁴］：和。

导读

zhè shǒu tóng yáo liè jǔ le xǔ duō cháo shàn guǒ pǐn de míng chēng
这首童谣列举了许多潮汕粿品的名称，

tǐ xiàn le cháo shàn dì qū de guǒ shí pǐn lèi xiǎo chī fēng fù duō cǎi
体现了潮汕地区的粿食品类小吃丰富多彩，

hěn yǒu tè sè
很有特色。

知识拓展

cháo shàn guǒ pǐn shì cháo shàn tè sè měi shí zhī yī qí yuán liào yǒu dà
潮汕粿品是潮汕特色美食之一，其原料有大

mǐ mǎ líng shǔ yù tou luó bo jí gè zhǒng dòu zi děng pǐn lèi fán duō
米、马铃薯、芋头、萝卜及各种豆子等，品类繁多、

zuò gōng kǎo jiu yǐ qián shì bù tóng shí jié yǒu bù tóng de guǒ yàn yǔ
做工考究。以前是不同时节有不同的"粿"，谚语

jiào zuò shí jié zuò shí guǒ rú chūn jié qián hòu de shǔ qū guǒ hóng táo
叫作"时节做时粿"，如春节前后的鼠粬粿、红桃

guǒ duān wǔ jié de zhī guǒ děng dàn xiàn zài shì chǎng shàng sì jì dōu yǒu gè
粿，端午节的栀粿等，但现在市场上四季都有各

zhǒng guǒ pǐn chū shòu le
种粿品出售了。

guǒ jiā zú zhēn páng dà měi wèi chéng yuán dōu yùn hán zhe bù
"粿"家族真庞大，每位成员都蕴含着不

tóng de jí xiáng yù yì xiàng hóng táo guǒ jiù yù yì zhe xìng fú jí xiáng
同的吉祥寓意。像红桃粿，就寓意着幸福吉祥、

jiàn kāng cháng shòu qǐng nǐ dào shì chǎng shàng rèn shi gè zhǒng gè yàng de
健康长寿。请你到市场上，认识各种各样的

guǒ jí qí míng chēng gǎn xìng qù de tóng xué kě yǐ zài jiā zhǎng de
"粿"及其名称，感兴趣的同学，可以在家长的

bāng zhù xià yě lái xué yì xué zuò guǒ
帮助下，也来学一学做"粿"！

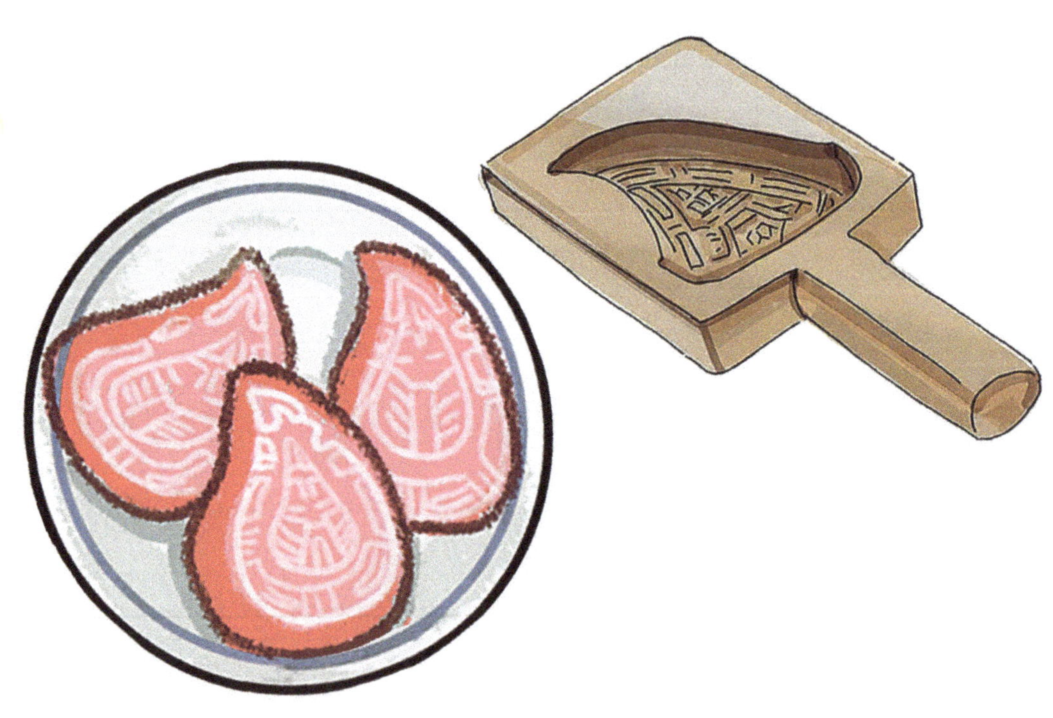

9 门脚一丛柑

门脚[1]一丛[2]柑，
数来数去三百三。
人呾[3]作田[4]着[5]刻苦，
刻苦正会[6]食饱肚[7]。

【注释】

1 门脚[ka¹]：门口。(mén kǒu)

2 丛：棵。(kē)

3 呾[dan³]：说。(shuō)

4 作[zoh⁴]田：种田。(zhòng tián)

5 着：要。(yào)

6 正会[oi⁶]：才会，才能。(cái huì cái néng)

7 食饱肚：填饱肚子。(tián bǎo dù zi)

导读

这首歌谣告诉我们只有辛勤劳动，才能衣食无忧，创造美好生活。歌谣读来朗朗上口，又富有生活哲理。学习这首歌谣，能培养孩子们从小热爱劳动、勤俭节约的良好习惯。

知识拓展

潮汕谚语"白饭好食田着作"，说的也是跟这首歌谣一样的道理。作田，就是耕田种地，我们吃的大米、蔬菜、水果，都是农民们通过辛勤劳作而成的。潮汕农民的水稻种植技术一流，曾获得"全国第一亩产千斤县"和"第一个亩产吨谷市"的称号。同时，由于潮汕农民善于耕作的名声在外，20世纪60—70年代，潮汕农业技术员（潮汕老农）曾经被输送到海南、广西、贵州等地区指导农业生产。

在老师的带领下到农业生态园去研学，或者在家长的带领下到农村老家去看看水稻、蔬菜、水果是怎样种植、生长、开花、结果的。条件允许的话，请你在家里阳台、庭院试着种一种你喜欢的花卉或水果，并记录下每个成长瞬间。

10　月光歌

月光[1]月梭朵[2]。

照篱照壁照瓦槽[3]，

照着眠床[4]脚踏板，

照着蠓帐[5]绣双鹅[6]。

【注释】

[1] 光［geng¹］：光亮（guāng liàng）。

[2] 梭朵：云朵稀薄疏淡（yún duǒ xī bó shū dàn）。

[3] 瓦槽［hia⁶ zo⁵］：屋顶上用瓦铺成的凹凸相间的（wū dǐng shàng yòng wǎ pū chéng de āo tū xiāng jiàn de）行列（háng liè）。

[4] 眠床：指睡觉的床（zhǐ shuì jiào de chuáng）。

[5] 蠓［mang²］帐：蚊帐（wén zhàng）。

[6] 双鹅：这里指鸳鸯（zhè lǐ zhǐ yuān yāng）。

zhè shǒu tóng yáo miáo xiě le yī fú qīng yōu de yuè xià nóng shè
这首童谣描写了一幅清幽的月下农舍

tú　　yuè lǎng xīng xī de yè wǎn　　yuè guāng chuān guò yún duǒ jiān
图：月朗星稀的夜晚，月光穿过云朵间

de fèng xì　　sǎ luò zài wǎ cáo　　qiáng bì shàng　　yě zhào jìn le wū
的缝隙，洒落在瓦槽、墙壁上，也照进了屋

lǐ　　zhào dào le chuáng shàng　　ràng rén gǎn shòu dào le yè wǎn de
里，照到了床上，让人感受到了夜晚的

níng jìng hé měi hǎo
宁静和美好。

yuè liang　　zài cháo shàn dì qū yě jiào　　yuè niáng　　niáng　zài zhè lǐ
月亮，在潮汕地区也叫"月娘"，"娘"在这里

shì niáng niang　　niáng qīn de yì si　　yuè niáng　　shì cháo rén duì yuè liang de
是娘娘、娘亲的意思。"月娘"是潮人对月亮的

zūn chēng　　zhé shè chū cháo rén ài yuè chóng yuè de xīn lǐ　　zài guǎng fǔ　　kè
尊称，折射出潮人爱月崇月的心理。在广府、客

家方言里，都有名叫《月光光》这样家喻户晓的童谣，这首"月光歌"，就是我们潮人的"月光曲"了。清冷的月光静静地照着蚊帐上立体堆金绣的鸳鸯，委婉地表达着对团圆美好生活的向往。

你还知道哪些跟月亮有关的潮汕谚语或歌谣呢？或者，在中秋拜月赏月的时候，注意仔细观察祭品的种类和拜月仪式的程序，然后把它记录下来分享给小朋友们。

过番歌

11　洋船到

洋船[1]到，猪母生，
鸟囝豆[2]，挖[3]上棚。
洋船沉[4]，猪母眩[5]，
鸟囝豆，生蛄蝇[6]。

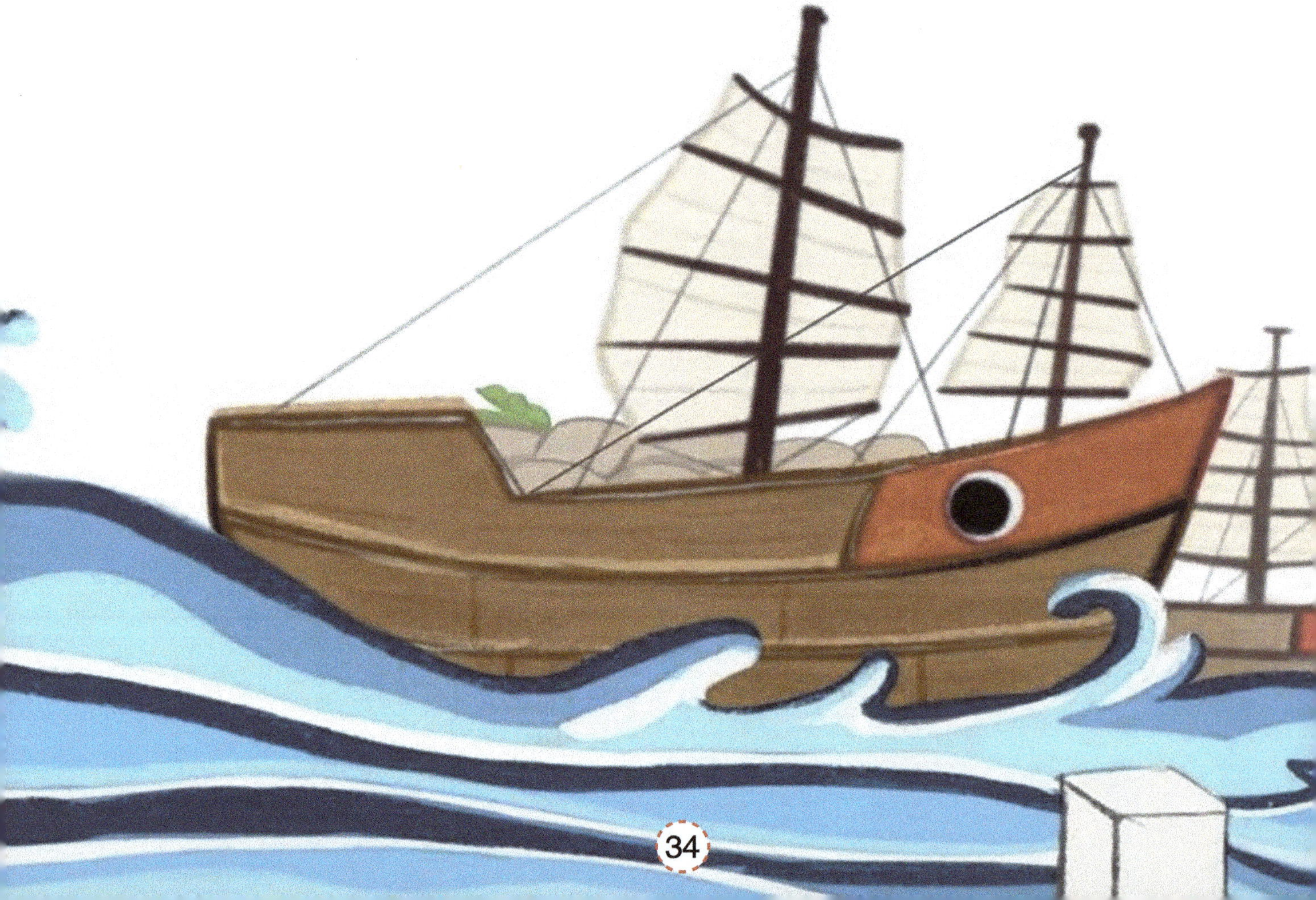

【注释】

① 洋船：往返于樟林古港或汕头港与"番畔"各国之间的远洋商船，清朝时多为樟林港的风力红头船；1860年汕头开埠以后，则多为汕头港的火力轮船，也称"火船"。

② 鸟囝豆：扁豆的一种。

③ 挞[dua⁶]：牵引向上。

④ 沉[dim⁵]：沉下（海里）去。

⑤ 眩[hing⁵]：头晕，晕头转向。

⑥ 蛄蝇：蚜虫。

导读

这首歌谣讲述的是洋船上满载华侨、番批和货物，人们祈望洋船顺利抵达，远方的亲人和寄回来的批信、货物才能顺利回到家乡，表达了侨乡人民对亲人回国以及侨批的期待和依赖。潮汕是著名的侨乡，有侨眷的家庭过半，不少家庭是依靠侨批过生活的，这就是谚语所说的"番畔钱银唐山福"。侨眷们都眼巴巴地盼望着"番畔"亲人的平安归来，或者"番批"的顺利到达。

知识拓展

"过番歌"是反映福建、广东、广西，乃至海南、浙江等南方诸省向海外移民的一种民间歌谣的总称。经过数百年的积累，遍及南方诸省、用各自不同方言演唱的"过番歌"，成为普遍流行于移民者原乡（即所谓"侨乡"）的一种意味深长的文化记忆。过番歌以其历史文化价值，引起了专家学者的重视，研究的成果不少，如马来西亚大学苏庆华的《过番歌研究》（吉隆坡商务印书馆2014年版）等。

1860年汕头开埠前，汕头港是全国华工出境最为集中的港口之一。汕头开埠后，外国资本、洋行及洋工厂大量涌入，进出口贸易发展快速，远渡重洋、来往经商贸易的商船多以火力轮船为主。汕头逐步成为南粤最重要的商业贸易城市之一，由此成就一段"百载商埠、楼船万国"的繁荣。

孩子们，请利用假期陪着家人，一起去樟林古港、西堤侨批纪念地公园参观，了解更多关于我们侨乡的故事！

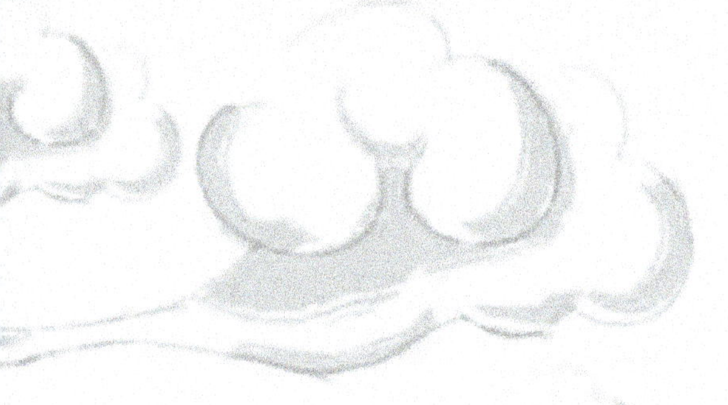

12 阿叔今日去出洋

阿叔今日去出洋，
番畔[1]唐山[2]架金桥；
来日荣耀归故里，
荫[3]妻荫儿荫家乡。

【注释】

❶ 番畔[boin⁵]：指外国。
　　　　　　　zhǐ wài guó

❷ 唐[deng⁵]山：指中国。
　　　　　　　zhǐ zhōng guó

❸ 荫[im³]：福荫，使……得到幸福。
　　　　　fú yìn　shǐ　　dé dào xìng fú

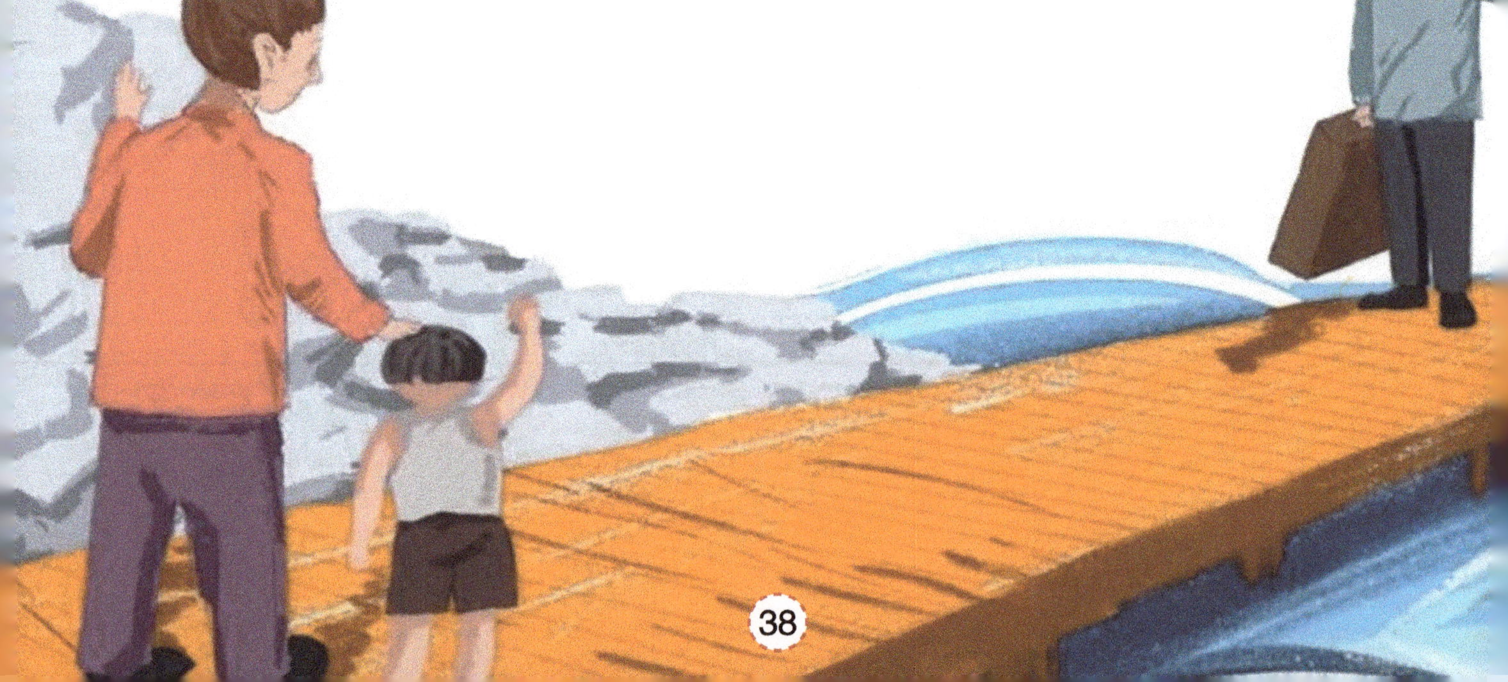

这是一首描写送别亲人到海外谋生的歌谣，反映了家乡人民希望"番客"能赚到钱而荣归故里、福荫家乡和家人的普遍心理。通过歌谣，学生可体会到家乡亲人对"番客"过番的美好祝愿，以及对他们能感恩亲人、回报家乡的期盼。

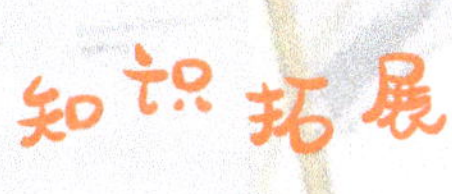

骑楼是华侨文化的代表建筑形式。从晚清到民国初期，华侨在家乡投资，骑楼商业街和住宅如雨后春笋般大量涌现。由于投资建造者长期生

huó zài hǎi wài
活在海外，

shòu dào hǎi wài jiàn zhù fēng gé de yǐng xiǎng jiào dà　yǒu xiē
受到海外建筑风格的影响较大，有些

huá qiáo zhí jiē yī jù cóng guó wài dài huí de jiàn zhù tú zhǐ huò míng xìn piàn jiā yǐ
华侨直接依据从国外带回的建筑图纸或明信片加以

mó fǎng hé xué xí　jiàn zào chū le róng hé zhōng xī jiàn zhù yì shù jīng huá de qí
模仿和学习，建造出了融合中西建筑艺术精华的骑

lóu shì jiàn zhù qún
楼式建筑群。

qǐng tóng xué men zhǎo chū xiǎo gōng yuán kāi bù wén huà qū lǐ de mǒu yī
请同学们找出小公园开埠文化区里的某一

dòng lì shǐ wén huà nèi hán fēng fù de zhù míng jiàn zhù wù　rú　bǎi huò dà
栋历史文化内涵丰富的著名建筑物，如"百货大

lóu　shàn tóu dà shà　děng　tōng guò chá yuè zī liào liǎo jiě tā de jiàn zào bèi
楼""汕头大厦"等，通过查阅资料了解它的建造背

jǐng jí xiāng guān gù shi　rán hòu shì zhe jiǎng gěi tóng xué men tīng
景及相关故事，然后试着讲给同学们听。

13　水迢迢

扫码听音频
（潮汕话）

暹罗[1]船，水迢迢，会生会死在今朝。
过番若是赚无食[2]，变作番鬼[3]恨难消。

【注释】

[1] 暹[siam⁵]罗：泰国的旧称。

[2] 赚无食：赚不到钱糊口。

[3] 番鬼：人们觉得在国外死去，魂魄无法还乡，成了漂泊在"番畔"的孤魂野鬼。

　　这首歌谣描述的是去暹罗（泰国）的帆船在茫茫大海上行驶，路途遥远，风浪险恶，生命攸关。过番谋生的人想，如此艰难险恶的路途，如果到时还不能赚到钱，客死他乡也恨意难消了。通过歌谣，学生可体会到乘坐帆船到"番畔"谋生者的艰难和内心的忐忑不安，还有那牵挂着家乡亲人的心。

　　20世纪初，全球华侨华人总数有400万～500万；20世纪50年代初，总数增加至1200万～1300万，其中

90%集中在东南亚；到2007—2008年间，在全球4543万华侨华人中，东南亚占比已降至73%左右，北美、欧洲、大洋洲和日本、韩国等地的华侨华人数量出现较快增长。目前，世界华侨华人总数已超过5000万。现居海外的祖籍潮汕的华侨华人有1000多万，分布在100多个国家和地区，占华侨华人总数的1/4。

查阅资料或者向家中长辈了解，以前过番的人在国外主要从事哪些苦力活，并与同学们分享一下相关的故事。

14　人在外洋心在家

人在外洋[1]心在家，后生[2]妻子一枝花。

家中父母年已老，身中无钱又想回。

【注释】

[1] 外洋：海外（hǎi wài）。

[2] 后 [hao⁶] 生：年轻（nián qīng）。

zhè shǒu gē yáo miáo shù shēn zài hǎi wài móu shēng de rén shí fēn
这首歌谣描述身在海外谋生的人十分

sī niàn jiā zhōng de fù mǔ hé jiāo qī　dàn yòu kǔ yú méi yǒu jī
思念家中的父母和娇妻，但又苦于没有积

xù　yù huí bù dé　tā fǎn yìng le qián bèi huá qiáo zài　fān pàn
蓄，欲回不得。它反映了前辈华侨在"番畔"

dǎ gōng móu shēng de jiān nán yǔ sī niàn gù xiāng jiā zhōng qīn rén de
打工谋生的艰难与思念故乡家中亲人的

xīn suān xīn jìng
辛酸心境。

在过去，凡是乡里有人要"过番"，不管是"新番"初次出国，还是"老番"回国省亲后要重返侨居地，其亲戚友人都要带上当地土特产、糖果饼食之类的礼品前来送行，俗称"送顺风"，意在祝福"番客"一路平安，顺风得利。

出洋者回到家乡探亲，亲朋好友会各备猪肉鸡蛋为礼品前往迎贺，俗称"接番客"，也有称"接落马"。

向老家的长辈请教，或者查阅书籍和网络资料，了解以前送人去"过番"和"接番客"的习俗，然后分享给同学们。

15　嫁着夫婿到外洲

前世^①无身修^②，嫁着夫婿^③到外洲^④；
去时小生弟^⑤，转^⑥来留白须^⑦。

【注释】

① 前世：前辈子。
（qián bèi zi）

② 无身修：没积德和修炼。
（méi jī dé hé xiū liàn）

③ 夫婿：丈夫。
（zhàng fu）

④ 外洲：外洋，即外国。
（wài yáng，jí wài guó）

⑤ 小生 [sio² sêng¹] 弟：像戏曲中的小生一样年轻漂亮。
（xiàng xì qǔ zhōng de xiǎo shēng yí yàng nián qīng piào liang）

⑥ 转 [deng²]：回来。
（huí lái）

⑦ 留白须 [ciu¹]：留着白胡子，指年老了。
（liú zhe bái hú zi，zhǐ nián lǎo le）

zhè shǒu gē yáo jiǎng shù le guò
这首歌谣讲述了过
fān de rén qù shí qīng chūn nián shào
番的人去时青春年少，
děng dào tā zài hǎi wài zhàn wěn jiǎo gēn
等到他在海外站稳脚跟
zǎn diǎn qián huí jiā yǐ jīng liǎng bìn bān
攒点钱回家，已经两鬓斑
bái le ér jiā zhōng de jiāo qī dú zì
白了。而家中的娇妻独自
shēng huó jì mò qī kǔ tōng guò gē
生活，寂寞凄苦。通过歌
yáo xué shēng kě tǐ huì jiā zhōng qián
谣，学生可体会家中前
bèi qīn rén duì wài chū guò fān zhī rén de wú
辈亲人对外出过番之人的无
jìn sī niàn yǐ jí liú shǒu jiā zhōng
尽思念以及"留守"家中
de qī kǔ xīn qíng
的凄苦心情。

潮汕华侨虽远到海外谋生，但时刻记挂着家乡亲人，关切家乡的发展，为建设家乡做出了很多的贡献，包括兴修水利、铁路，开办学校、医院，修建骑楼群建筑等。但他们要忍受长期的两地思念、分离之苦。对这方面情况的了解越是深入，对华侨爱国、爱乡、爱亲人的精神就越是敬佩。

你家中有在外地或者外国读书、工作、生活的亲人吗？学习创作一首歌谣，把你对他们的想念写出来。

16 鸡翁初啼天未光

鸡翁[1]初啼天未光，头家[2]出声叫食饭[3]。

新客[4]未食着担水[5]，早起清水[6]冷如霜。

【注释】

[1] 鸡翁[ang¹]：公鸡 gōng jī。

[2] 头家：老板 lǎo bǎn。

[3] 食饭：吃饭 chī fàn。

[4] 新客：新到南洋打工的华侨 xīn dào nán yáng dǎ gōng de huá qiáo。

[5] 担水：挑水 tiāo shuǐ。

[6] 清水[cing³ zui²]：冷水 lěng shuǐ。

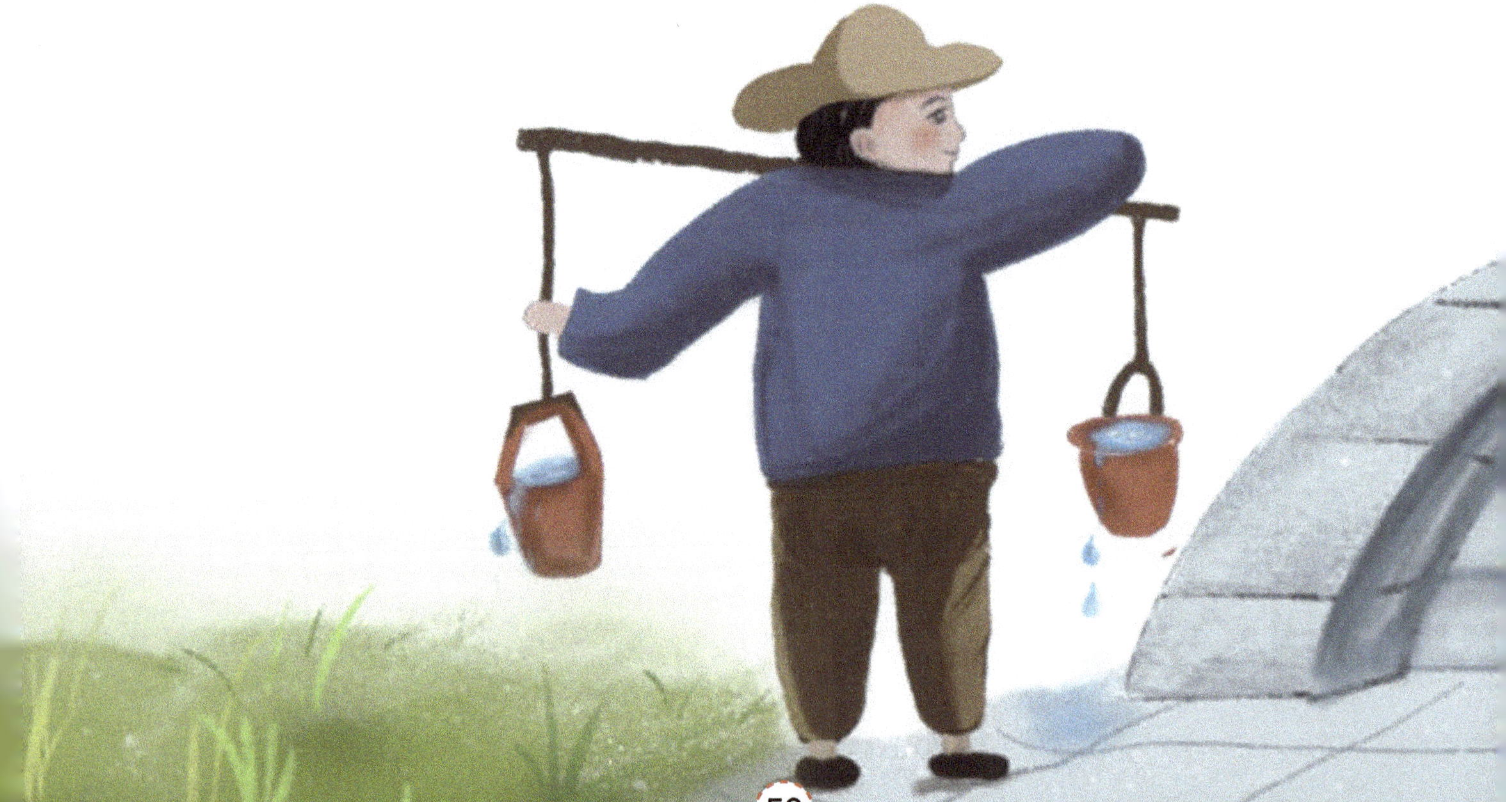

这首歌谣讲述的是当公鸡第一声啼叫的时候天还没亮，老板便叫工人吃早饭了。但是新来的工人还没有轮到吃饭，所以得先去挑水，而早晨的冷水像冰霜那样寒冷，让工人苦不堪言。这首歌谣反映了过番者在外做苦工任人指使、身不由己、劳苦艰辛的处境。

知识拓展

有一句谚语叫作"无可奈何舂甜粿"，说的就是以前的潮人迫于生计，抛妻别儿、离乡背井出洋谋生，出行前舂米蒸甜粿（年糕），为

dā chuán zhǔn bèi gān liang　　tián guǒ shì yòng nuò mǐ fěn mò hé hóng táng zhēng
搭船 准备干粮。甜粿是用 糯米粉末和红 糖　蒸

chéng de　　　jí nài zhù cáng　　　jí shǐ biǎo miàn zhǎng méi　　yòng shuǐ chōng
成 的，极耐贮藏，即使表 面 长 霉，用水　冲

xǐ huò yòng shī bù mǒ jìng hòu réng kě shí yòng　　fēi cháng shì hé guò fān zhě zài
洗或 用湿布抹净后 仍可食 用，非 常 适合过番者在

yáo yuǎn de háng chéng zhōng zuò wéi gān liang dǐ kàng jī è
遥 远的航 程 中作为干粮抵抗饥饿。

yǐ qián de xiǎo xué yǔ wén kè běn yǒu yí gè gù shi　　jiào　　bàn yè jī
以前的小 学语文课本 有一个故事，叫《半夜鸡

jiào　　　jiǎng de shì dì zhǔ zhōu bā pí měi tiān líng chén jiǎ bàn gōng jī jiào　　tiān
叫》，讲的是地主 周扒皮每天凌 晨假扮 公鸡叫，天

wèi liàng jiù bǎ cháng gōng jiào qǐ lái gàn huó　　qǐng bǎ zhè ge gù shi zhǎo chū lái
未 亮就把长 工 叫起来干活。请把这个故事找 出来

dú yì dú　　jiǎng gěi tóng xué men tīng ting
读一读，讲给同学们听听。

17 卖咕哩

扫码听音频
（潮汕话）

断柴米[1]，待[2]饿死；

无奈何，卖咕哩[3]。

【注释】

[1] 断柴米：柴 和 米 都 已 经 没 有 了。
（chái hé mǐ dōu yǐ jīng méi yǒu le）

[2] 待[tai⁶]：等 待 着。
（děng dài zhe）

[3] 咕哩[gu¹li²]：苦力，外来词。"卖咕哩"
（kǔ lì，wài lái cí）
指靠出卖苦力维持生计。
（zhǐ kào chū mài kǔ lì wéi chí shēng jì）

导读

这首歌谣表达了过番者当时是因生活所迫，为了解决温饱问题才无可奈何冒死漂洋过海去谋生，反映了过番者迫于生计背井离乡又不舍家乡亲人的矛盾心理。

知识拓展

受过番文化的影响，在潮汕话中其实有很多词语是由外语直译而来的。比如，潮汕话的"五脚砌"源自马来语。因为骑楼下人行道的宽度固定为五英尺，而英尺在马来语中的发音则为"kaki（lima）"，所以潮汕人便称之为译音的"五脚砌”。再比如，潮汕的鱼饭中有一种鱼被称为“巴鳞（巴浪）”，发音为“[ba¹ lang¹]”。其实“ba¹”是泰语“鱼”的音译，“lang¹”是潮汕话“鳞”，所以这个词其实就是泰语和潮汕话的结合物。

像上面介绍的潮汕话中的“外语”（词），你还知道哪些呢？不懂的话可以向家中的长辈请教，或者通过查阅资料获得。请你记录起来与同学分享。

18 踏三轮车歌

阿老叔，脚曲曲[1]；
三轮车，刻苦趖[2]；
赚有钱[3]，猛猛积[4]，
寄转唐山[5]好籴粟[6]。

【注释】

① 脚曲曲：
wān qū zhe jiǎo
弯曲着脚。

② 刻苦趿[nêg⁴]：
tì　yòng jiǎo dēng　　cǐ chù zhǐ yòng lì dēng cǎi
趿，用脚蹬。此处指用力蹬踩。

③ 赚[tang³]有钱：
zhuàn dào qián
赚到钱。

④ 猛猛积[zêg⁴]：
měng měng　gǎn jǐn de yì si　gǎn jǐn jī zǎn
猛猛，赶紧的意思；赶紧积攒。

⑤ 唐[deng⁵]山：
huá qiáo huá rén duì zhōng guó de yì zhǒng xí guàn xìng
华侨华人对中国的一种习惯性
chēng hu
称呼。

⑥ 籴粟[diah⁸ cêg⁴]：
mǎi jìn dào gǔ
买进稻谷。

导 读

这首童谣描写的是过番谋生者在"番畔"蹬三轮车、做苦力的辛酸画面。而如此辛苦赚钱为的是可以积攒点钱寄回家乡解决家人的温饱问题。它反映了第一代华侨在国外艰难打工谋生，但却始终心系家乡亲人的浓浓亲情。

知识拓展

过去的番客除了寄批回国养家之外，若有回国探亲，必带回礼物分送亲友邻居。这些礼物主要有两大类：一类是衣物，多是旧衣，七八成新，大箱小包装着。另一类是手信，即小礼物。贵重的如手表、金首饰、烟酒、补品、药品等；更多的是普通的手信，主要是家用小药品、保健品，如万金油、风油精，甚至香皂、饼干等。

你家中有在外地或者外国读书、工作、生活的亲人吗？有的话注意观察他们往返家乡和国外时所携带的东西，与以前做比较，看看有什么发现，并和同学们交流分享！

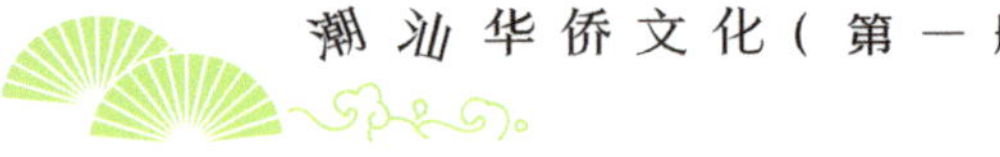

19　平安批[1]

信一封，银二圆，

叫姆[2]刻苦[3]勿[4]哭啼。

孥囝[5]知教示[6]，

猪囝[7]着知饲[8]。

田园落力作[9]，

待我赚有钱，

猛猛回家来团圆。

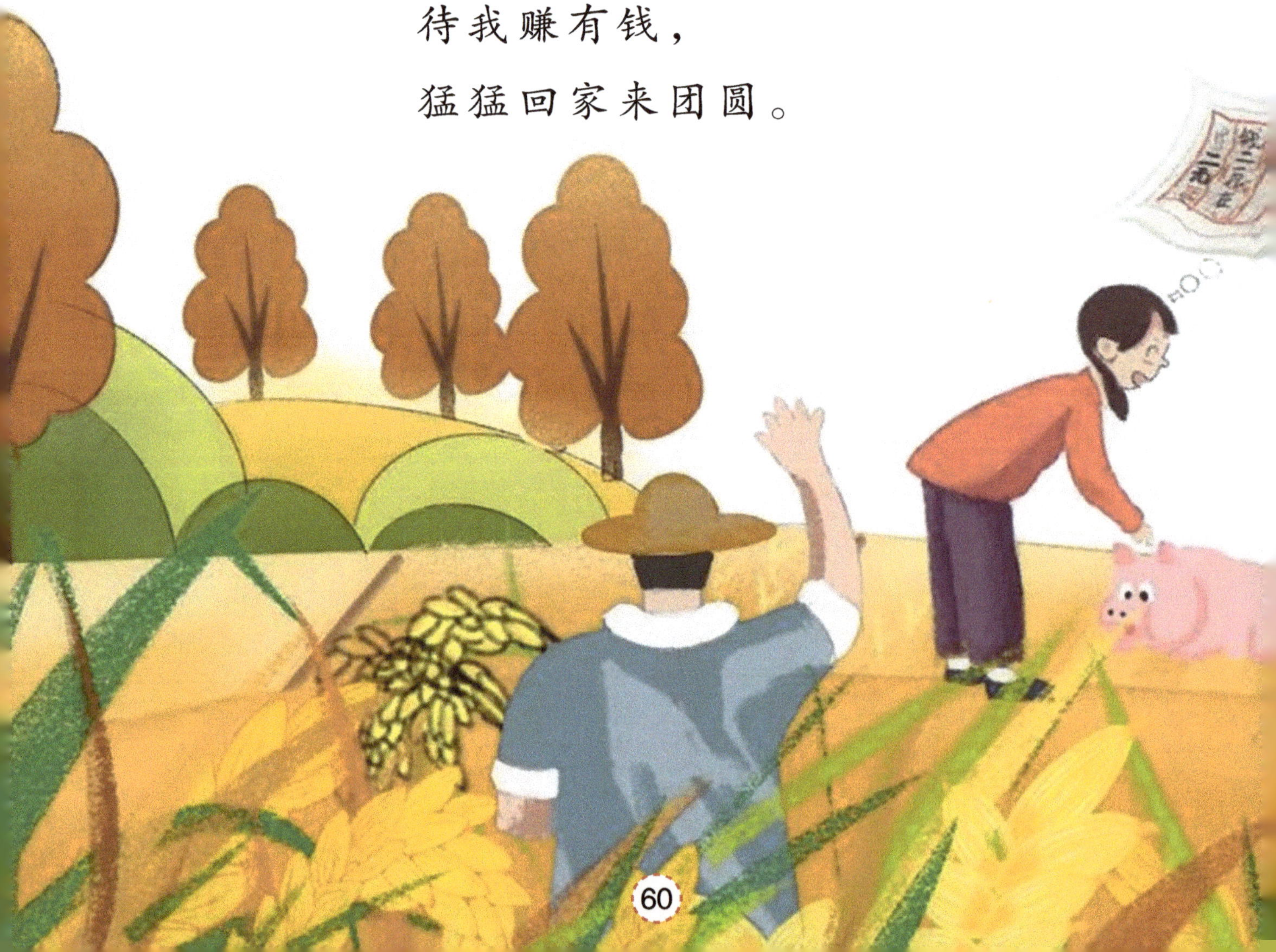

【注释】

❶ 平安批［ｐｏｉ¹］：指漂洋过海去海外
谋生者寄回家的第一封"批"。

❷ 姆［ｂｈｏｕ²］：潮汕方言字，俗称妻子。

❸ 刻苦［ｋａｇ⁴ ｋｏｕ²］：不怕难，能吃苦。

❹ 勿［ｍａｉ³］：不要。

❺ 孥囝：小孩，这里指儿女。

❻ 知教示：要管教训示。

❼ 猪囝：猪崽。

❽ 知饲：精心饲养。

❾ 落力作［ｚｏｈ⁴］：勤快耕作。

zhè shǒu gē yáo miáo xiě le yí gè nán rén zài hǎi
这 首 歌 谣 描 写 了 一 个 男 人 在 海

wài móu shēng shí duì jiā zhōng de wú xiàn guà niàn yǐ jí pò qiè
外 谋 生 时 对 家 中 的 无 限 挂 念，以 及 迫 切

xiǎng yào huí jiā tuán yuán de xīn yuàn ràng xué shēng tǐ huì dāng shí
想 要 回 家 团 圆 的 心 愿，让 学 生 体 会 当 时

huá qiáo sī niàn jiā xiāng guà niàn qīn rén de xīn qíng
华 侨 思 念 家 乡、挂 念 亲 人 的 心 情。

知识拓展

píng ān duì yú piāo yáng guò hǎi lí xiāng bèi jǐng de huá qiáo hé
"平 安" 对 于 漂 洋 过 海、离 乡 背 井 的 华 侨 和

qiáo juàn lái shuō dōu shì tóu děng zhòng yào de dà shì yīn ér xíng chéng yí gè
侨 眷 来 说，都 是 头 等 重 要 的 大 事，因 而 形 成 一 个

xí sú huá qiáo jì pī wú lùn shì nǎ ge suǒ zài guó jiā huò dì qū de xīn
习 俗：华 侨 寄 批。无 论 是 哪 个 所 在 国 家 或 地 区 的 "新

fān huò lǎo fān dōu zhào lì zài kāi tóu huò jié wěi xiě shàng xìng dé
番" 或 "老 番"，都 照 例 在 开 头 或 结 尾 写 上："幸 得

nèi wài píng ān xǐ zhī shèng yě qí wàng zhū shì hé xiǎng liǎng dì píng
内 外 平 安，喜 之 胜 也" "祈 望 诸 事 合 想、两 地 平

ān děng zhù sòng cí qí dǎo píng ān fā cái zhè cháng pī sú chēng
安" 等 祝 颂 词，祈 祷 平 安 发 财。这 "常 批" 俗 称

　　"平安批"。"平安批"除了向家人报平安外，一般还附上一点钱，无论钱银多少，一至两元都可寄。另外，"平安批"还有一个特点，就是报喜不报忧，目的是为了让家里人放心，让亲人对未来充满希望，也反映了华侨对家乡的热爱和对亲人的思念之情。

　　请同学们到汕头侨批文物馆参观，看看番客在信中会向家乡亲人诉说什么样的事情，并把你参观后的体会分享给同学们。

20 月娘光光照临檐

月娘光光照临檐[1]，
阿嫂送兄哭啼啼；
心里个话呾唔出[2]，
你着[3]记得妻共儿。

【注释】

① 临檐［lim⁵ zin⁵］：屋檐滴水处。

② 呾唔出：说不出口。

③ 着［dioh⁸］：得、要。

导读

这首歌谣描写了妻子对即将到海外谋生的丈夫的依依不舍之情，表达了唐山家中"留守妇女"内心的凄苦，反映了早期过番谋生者对整个家庭的影响和出外打拼之艰难。

知识拓展

　　guò fān shí　　hěn duō rén dōu huì dài zhe yù bù　　shì lán hé tián guǒ　　zhè
　　过番时，很多人都会带着浴布、市篮和甜粿，这

jiù shì　　guò fān sān jiàn bǎo　　　yù bù duì yú láo zuò de nán zǐ lái shuō　　jù yǒu
就是"过番三件宝"。浴布对于劳作的男子来说，具有

shù yāo　　cā hàn　　zhē yáng　　yù hán　　bāo guǒ děng zōng hé yòng tú　　shì lán
束腰、擦汗、遮阳、御寒、包裹等综合用途；市篮

kě yòng lái zhuāng yī fu　　pī xìn yín yuán hé qí tā rì cháng yòng pǐn děng　　tián
可用来装衣服、批信银元和其他日常用品等；甜

guǒ zé yīn qí nài chǔ cún qiě chōng jī de tè diǎn　　shì xīn kè chéng chuán guò fān
粿则因其耐储存且充饥的特点，是新客乘船过番

tú zhōng cháng bèi de shí liáng
途中常备的食粮。

活动探究

　　xiǎng bàn fǎ zhǎo dào　　guò fān sān jiàn bǎo　　zhōng de　　yù bù　　shì
　　想办法找到"过番三件宝"中的"浴布"，试

shì tā de yòng tú yǒu duō guǎng　　rán hòu zì jǐ dāng yì huí mó tè　　biǎo yǎn
试它的用途有多广，然后自己当一回模特，表演

gěi tóng xué men kàn kan
给同学们看看。